今日もキキ弁、つめていきます

キキ 著
@_k_i_k_i_o

はじめに ‐私とお弁当‐

はじめまして。キキです。

「キキ弁」というアカウントでお弁当をつめる動画をＳＮＳで発信しています。「蓋はのせるだけ」弁当箱からちょっとだけはみだしたお弁当を作っています。

私のお弁当作りの原点は子どもたちです。

私は、結婚してからお弁当作りをはじめて、気づけばお弁当歴30年以上になります。今は同い年（52歳）の夫とふたり暮らしで、夫のお弁当を作っていますが、それまでは子どもたちのお弁当をメインに作っていました。

子どもは、長女（30歳）、長男（28歳）、次男（23歳）の３人。今では３人とも家を出てやりたい仕事を見つけて、それぞれの人生を歩んでいます。

子どもにはじめて作ったのは、長女の幼稚園のお弁当でした。長女が幼稚園に通いはじめたころは長男がまだちいさかったのであまり手の込んだことはできませんでした。けれど、「食べやすいように」「おはしでつかみやすいように」と考えて作っていたことを覚えています。

野菜を少しでも多く食べてほしいなぁと願って作っていたのが、野菜の肉巻き。今の「キキ弁」にもよく野菜の肉巻きが登場しますが、長女がちいさいころから「どんなお野菜なら巻けるだろう？」とよく考えていました。

いちばん記憶に残っているのは、長男のお弁当。長男の通った中高一貫校は給食がなくお弁当持参でした。長男はサッカーをやっていたので、からだ作りのために食べることも必要。高校時代に持って行っていたごはんの量は、なんと3合！　その量のごはんを少しでも食べやすいように、それでいて食べた後に運動しても支障がないように、脂っこいものは避けてごはんに合う味つけのおかずを添えていました。

次男に関しては幼いころの記憶があまりないのです（笑）。というのも、次男が小学生になったころに「そろそろ外に働きに出てみたいな」と思って仕事をはじめました。子どもが小学生になるまでは専業主婦で、子育てに奮闘する毎日。そこに仕事が加わったので、日々を乗り切るだけで必死だったのです。まだ暗いうちに起きてお弁当と朝ごはんの準備をして、子どもたちが家を出る前には家を出ました。帰りも、長男の部活が終わる夜の7〜8時に合わせて仕事を終え、長男を車で迎えに行ってから帰宅。思い返すとお日様が出ていない暗い時間にしか行動していませんでした。

それでも、絶対にお弁当はちゃんと作ると決めていたのは、私にとってお弁当は子どもたちとのコミュニケーションのひとつだったから。

「おいしかったよ！」

「クラスの子がほめてくれたよ！」

そう言う子どもたちの笑顔がうれしくって。また明日も頑張ろうと思えたものです。

今でも子どもたちが帰省したときに料理を作ると、長男は「やっぱり最高だね！」と笑顔で、次男は「おいしい、おいしい」と涙ぐんで食べてくれます。その顔を見ると「あぁ、あのとき頑張っていてよかったな」と思うのです。

現在は夫の分のお弁当だけを作っています。もちろん食べてくれる夫の好きなものや体調面を考えて作っていますが、どこかで「子どもたちが今度帰ってきたときに、好きなものを作れる自分でいたい」という気持ちがあり、それが私のお弁当作りの活力のひとつになっているんだと思います。


この本には、お弁当のことだけではなく、子どもたちのこと、夫婦のこと、家族のことも書きました。「キキ弁」を語る上で家族のことは切っても切れないことだから。

お弁当にはおかずだけではなく想いもつまっています。お弁当の分だけ家族の物語がある。読んでくださる方が、私のお弁当の物語をとおしてご自身の家族へ想いを馳せる時間になれば、こんなにうれしいことはありません。

Kiki's Bento History

キキのお弁当ヒストリー

←がお弁当を作っていた期間です

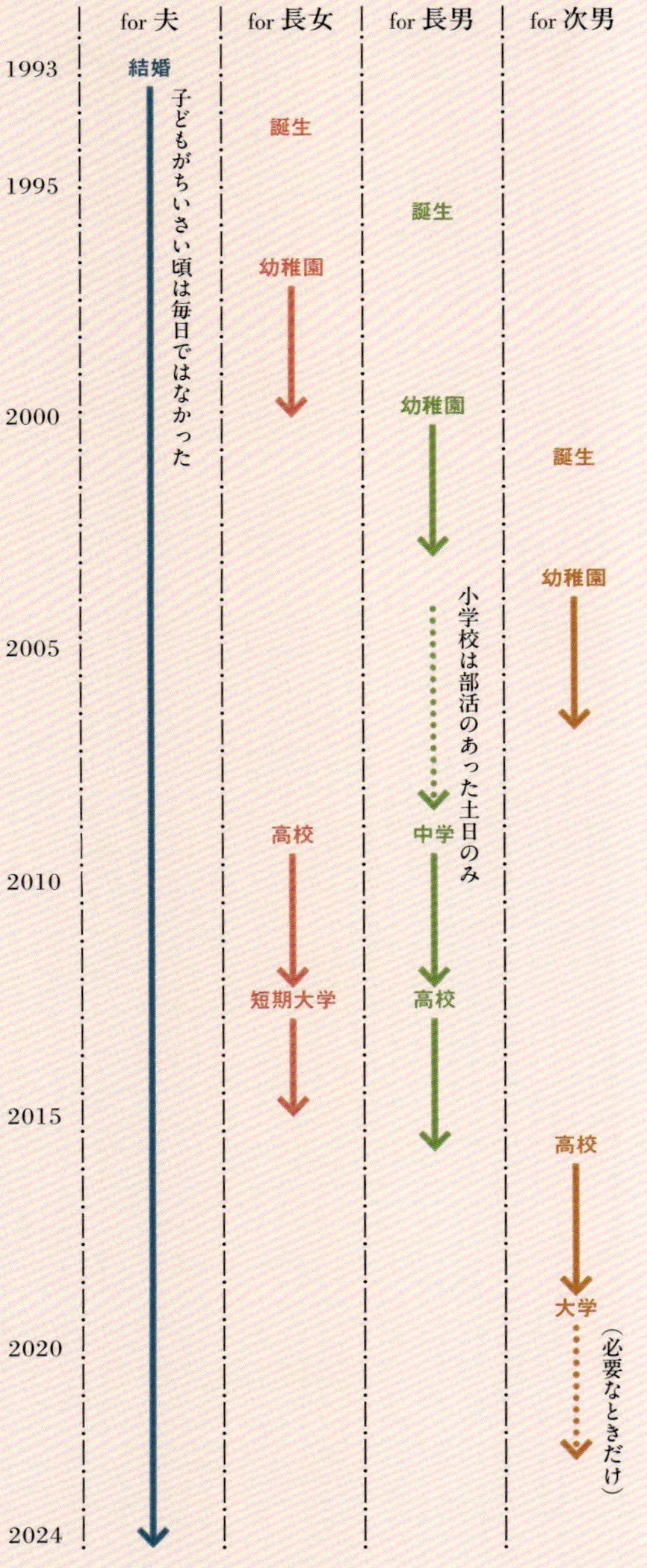

おはようございます。
キキ弁、
つめていきます。

3人の子どもに恵まれて、
この子たちにたくさん食べてほしい、
ちょっとでも栄養のあるものを……と
おかずをつめていると、
蓋がしまらないほどになりました。

今でも、お弁当をつめるときは
「このおかず、好きだったなあ」
「これ、作ったこと、なかったな……。
今度帰ってきたとき作ってあげようかな」

と、子どもたちのことを
想っている自分がいます。

また子どもたちに毎日お弁当を作ってあげたくても、
もう作ってあげられないことに、
たまに少しさみしくなったりすることも……。

そんないろんな想いを
たくさんつめたお弁当に向かって
私は今日も言うのです。

「行ってらっしゃい！」

Contents

Chapter 1

Chapter 2

Chapter 1

キキ弁のひみつ

おかげさまでたくさんの人に「キキ弁」を
親しんでいただけるようになりました。
ここではキキ弁の代名詞でもある
「いるかわからん葉っぱ」などについてお話しします。

Secret of Kiki's Bento

キキ弁のひみつ 1

蓋はのせるだけ

うちの子たちは本当によく食べます。高校生のころ長女はお昼ごはんにお弁当を持って行っていたのですが、よく「足りない」と言っていました（笑）。そんな子どもにちょっとでもたくさん食べてほしいと思って、どんどん盛り盛りになり蓋がしまらなくなりました。どうしようかと考え、思いついたのが、ラップをしっかり密着させて輪ゴムで止め、蓋はのせるだけのスタイルだったのです。

汁が漏れるのでは？と思われる方も多いのですが、子どもたちからも夫からも「汁が漏れたよ」と言われたことはありません。そもそも汁気が多いおかずを入れないなどの工夫はしていますが、汁気が多そうなメニューのときはさらにジップ付き袋に入れることもあります（笑）。

そこまでしなくても、新しく大きなお弁当箱を買えば……と思われるかもしれませんが、今度はすき間が生まれてしまっておかずが偏るかもしれないし、せっかくの愛着のあるお弁当箱を使い続けたいと思って現在のスタイルに至りました。

ハンカチで包んだあと、トートバッグに入れて渡します。夫には会社に着くとすぐに冷蔵庫に入れてもらっています。子どもたちが学生のときは保冷剤をつけていました。

ラップはしっかり密着させます。SNSでは「蓋を閉めるために頑張っていましたが、閉まらなくてもいいんだと気がラクになりました」というメッセージもいただきます。

Secret of Kiki's Bento

キキ弁のひみつ 2

いるかわからん葉っぱ

「キキ弁」のSNSで人気のキーワードの「いるかわからん葉っぱ」。私はお弁当の最後の仕上げに、ハーブや南天の葉を飾ります。これが「いるかわからん葉っぱ」。この呼び方に「おもしろい」「その通り」などのコメントをたくさんいただきました。

この言葉は、私が普段から言っていること。たとえば家族みんなでごはんを食べているとき、「これ、いるかわからんね〜」と口にしていたことをそのまま言っただけなのに、その反響にとてもびっくりしました。これが「キキ弁」のアカウントが大きくなるきっかけとなったんですから、人生、なにが起こるかわかりません(笑)。

いるかわからん、とは言っていますが、ないとちょっと寂しいのがこの葉っぱ。ほとんどはお庭から採ってきています。夏には青々しいハーブ、冬にはちょっと赤くなった南天の葉で"おめかし"することで、食べてくれる人が少し季節を感じてくれたらいいなぁとも思っています。

お庭に植えてあるハーブを摘んでお弁当に添えます。写真はチャービル。お庭にはたくさんのハーブを植えています。それを育てるのもひとつの楽しみです。

使わなかった葉っぱは、ちいさな花瓶に入れてキッチンに飾っています。植物が大好きなので、キッチンに少しでも植物があると気分があがります。

Secret of Kiki's Bento

キキ弁のひみつ 3

さっぱり要員

レモンやかぼすなどの柑橘系を入れるのが今の「キキ弁」の特徴。これを入れるようになったのは夫のひと言でした。ある日、レモンをお弁当のおかずに添えたとき、ふと夫が「さっぱりしててよかった」と言ったのです。普段ほとんどお弁当の感想がない夫なので、記憶に残っていて、それから「さっぱり要員」として入れるようになりました。

確かに揚げ物を食べるとき、レモンを搾るとお口の中の油分がさっぱりして食べやすくなります。そう気づいてからは常に冷蔵庫には柑橘類が入っているようになりました。

鯖の竜田揚げや鶏の唐揚げなどのときは2〜3切れ入れることもあります。切り方も輪切りのまま入れるときもあるし、半月に切ることもあります。

最近はお庭でレモンを育てはじめました。自分で育てると農薬も使わなくていいので、皮までしっかり楽しめます。インスタグラムでフォロワーさんからグリーンレモンの存在を教えてもらって、秋でもレモンを楽しんでいます。

お弁当だけではなく、朝ごはんや夕ごはんにもさっぱり要員は欠かせません。ちなみにこれは次男が帰ってきたときの朝ごはん。鯖にレモンを添えて。

天むすとお蕎麦のお弁当。お蕎麦にはかぼすの輪切りを並べました。見た目もかわいいし、暑い夏でもさっぱり食べられます。麺つゆは別添えです。

Column 1

キキのお庭を大公開

我が家にはちいさいですがお庭があります。大きなミモザの木があって、3月になると黄色いお花が咲きます。このお庭では、「いるかわからん葉っぱ」や「さっぱり要員」などを育てています。自分で育てると愛情たっぷり&経済的。

お気に入りはアナベル。花が咲くと切ってお部屋に飾ったりして楽しんでいます。

そのほかにブルーベリーやブドウなども育てはじめました。実は昔、花屋さんで働いていた経験があります。植物と向き合う時間はとても好きな時間なんです。

ハーブ

チャービル、パセリ、イタリアンパセリ、バジル、ローズマリーなどを植えています。ハーブは強いので、お水をしっかりあげていればちゃんと育ってくれます。虫除け効果もあると聞いて期待しています。

大葉

大葉はキキ弁に欠かせないアイテムのひとつ。冬は購入していますが、初夏はお庭のものを使っています。採った葉は筒状の容器に少量の水を入れて茎を浸けておくと長持ちします。

サンショウ

春先に採れるサンショウの新芽（木の芽）は、たけのこ料理にも使えるので、重宝しています。おにぎりに添えたりして彩りをプラスしています。サンショウの実も採れます。

レモン

この春にお迎えしたレモンの苗木。思ったよりも育てやすくて、見た目もかわいい！　ただ寒さに弱いようなので、冬は気をつけてみてあげようと思っています。

南天

昔から植えておくと「難を転ずる」といわれる南天。冬には赤い実もなってとってもかわいいです。葉っぱは冬に少し赤く色づくこともあるので、お弁当に入れると彩りもよくなります。

Secret of Kiki's Bento

キキ弁のひみつ 4

紫キャベツの甘酢

紫キャベツが手に入る時期は、かなりの頻度で登場するのが甘酢です。お弁当に紫色が入るだけでちょっとおしゃれに。紫キャベツをはじめて食卓に出したとき、次男が「カフェみたい！」ととても喜んでくれたのを覚えています。

紫キャベツの甘酢の作り方はP70に載せています。気をつけているのはしっかり塩揉みして水分を出すこと。そうすることで味がなじみやすくなり、おいしくなります。それにお弁当に入れても水分が出にくくなります。

我が家の味つけは全体的に甘め。甘酢を作るときも砂糖をしっかり使います。料理にはてんさい糖を主に使っていますが、甘酢を作るときは上白糖。色が鮮やかになるんです。

紫キャベツがないときは、紫玉ねぎの甘酢に。玉ねぎはからみが出やすいので、キャベツ以上に塩で水分をしっかり出すのがポイント。スーパーで買うと紫キャベツも紫玉ねぎもちょっとお高いですが、近所の直販所では1玉100円くらいでとても助かっています（直販所は主婦のミカタ！）。

紫色のものは彩りでよく使います。ラディッシュや柴漬け、しそ生姜などがあると買っちゃいます。漬物は歯ごたえもプラスされるので、お弁当にはよく入れます。

Secret of Kiki's Bento

キキ弁のひみつ 5

すき間にシャウエッセン

すき間埋めに使うのはシャウエッセン。1本を半分に切って＊印に切れ目を入れてから焼いています。

SNSで「なんでシャウエッセンなんですか？」という質問をよくいただきます。その答えは、長男がシャウエッセンが大好きだったから。我が家にはいつもシャウエッセンがありました。今は長男のお弁当を作っているわけではないのですが、スーパーでほかのウインナーが並んでいても長男の顔が浮かんで「やっぱりシャウエッセンよねっ！」と選んでしまいます。

お弁当のおかずも作るとき、食べる夫の顔ではなく、子どもの顔を浮かべて作ることが多いんです。子どもたちが大好きなオクラを切っているときは「元気にしてるかな～？」と思いながら切ったり……。結局、私のお弁当作りの根底にあるのは子どもたちへの想い。夫のお弁当なのに、子どもたちの好物を作ってしまう自分がいます。帰ってきたら作ってあげよう、なんて思いながら。

シャウエッセンを入れる前にすき間をあけてブロッコリースーパースプラウトをギュッギュと入れます。スプラウトはとても栄養価が高いと知ってから入れはじめました。

スプラウトを入れた上にシャウエッセンを入れます。夫日く、すき間なくつまっていると偏ったりしない、とのこと。偏り防止にもシャウエッセン、おすすめです。

Secret of Kiki's Bento

キキ弁のひみつ 6

お野菜のおかず

子どもたちに少しでも多く野菜を食べてほしいという気持ちで以前からお弁当には野菜のおかずを数種類入れていました。今のキキ弁には2〜3種類の副菜を入れています。

「作りおきはしないんですか?」「朝ごはんや夕ごはんも同じおかずを出しますか?」という質問をよくいただきます。子どもと一緒に住んでいたときは、とにかく食べていたので夕ごはんのおかずが余ることはなく、朝、作っていました。現在は、夫とふたりなので、お弁当の残りのおかずや副菜をそのまま夕ごはんに出すこともあります(笑)。

手の込んだものは作っていません。味つけもとてもシンプル。前日にすべてを作っておくことはありませんが、下準備は必ずしています。マカロニサラダならマカロニは茹でておく、きゅうりは塩揉みだけしておくなど、夜のうちにできることはやっています。朝、バタバタするのが苦手なので、少しでもやっておくと気持ち的にもラクになります。

余ったおかずは、夕ごはんに食べます。主菜と汁物は夕ごはん用に作りますが、副菜はほぼお弁当の余り。ブロッコリースーパースプラウトなどの野菜をたっぷり盛っていただきます。

お野菜のおかずと、焼いたあたたかいおかずを一緒につめるので、焼いたおかずはしっかりと粗熱をとります。小皿に置いて冷ましています。

Secret of Kiki's Bento

キキ弁のひみつ 7

つめていきます

お弁当作りでいちばん好きな工程が「つめる」です。私が朝早く起きてお弁当を作る理由は、このつめる工程をじっくり楽しみたいから。

キキ弁は買い物からはじまります。買い物しながら主菜を考え、どのお弁当箱につめるのかもだいたい決めます。つめる前にはノートにどうつめるのかラフを描きながら考えます。その時間がとっても楽しいのです。

つめるときは、おかずに話しかけながら（笑）。「もう少しこっち向いて」「あぁ、かわいいね！」なんておかずたちとの対話も楽しんでいます（変な人⁉笑）。SNSの動画上では、サクサクとつめているように見えるかもしれませんが、何度もやりなおしているときだってあります。でも、それも苦ではないくらいつめるのが大好きなんです。

SNSでよく「キキさんの〝行ってらっしゃい〟に癒されます」に言っていただきますが、この〝行ってらっしゃい〟は、できたお弁当に言っているような気がします。

ノートに描いているお弁当の完成ラフ。ここになにをどうつめるか考えているときがとても楽しい！

キキ弁基本のつめ方

ごはんをつめる

ごはんをつめるときのポイントは、お弁当箱のきわまでしっかり広げながらつめること。しゃもじの持ち手の部分を使うと便利。

↓

ごはんをはかる

お弁当箱をスケールの上にのせて、はかりながらつめることも多い。ごはんはだいたい200～240グラム。

↓

仕切りレタスを入れる

レタスの水気はしっかりふいておくこと。レタスのほか、冷凍の笹の葉を解凍して使うこともあるよ。

卵をつめる

ゆで卵や卵焼きは形を変えられないので、先に入れる。ゆで卵なら半分に切って重ねる。卵焼きなら2～3切れを重ねてね。

↓

おかずカップを入れる

おかずカップを入れる。おかずカップは適度に水気を吸ってくれる役割もあるので、おかずを入れるときには使うようにしているよ。

↓

副菜を入れる

おかずカップにたっぷりと副菜を入れる。お弁当箱よりも高さがでても気にせずにたっぷりと入れよう。

同じように副菜を入れる

お弁当箱のフチに沿って、おかずカップをもうひとつ入れて、同じように副菜のおかずをたっぷり入れる。

↓

すき間をあける

おかずカップとおかずカップの間に菜箸ですき間を作る。

↓

さらに副菜を入れる

同じように副菜のおかずをたっぷり入れる。おかずの彩りを見ながら配置を決める。まだまだ入れるよ〜！

すき間をあける

もうすき間がないと思わずに、すき間を作れそうなところを見つけて菜箸ですき間をあける。

↓

スプラウトを入れ込む

あけたすき間にブロッコリースーパースプラウトを入れる。スプラウトはおしこむようにして、たっぷり入れても OK ！

↓

シャウエッセンを入れる

半分に切って焼いたシャウエッセンを１本分入れる。切れ目を上向きにして差し込むように入れるよ。

ごはんの上に主菜をのせる

基本はのっけスタイル。ごはんの上に主菜おかずをのせる。最後のできあがりをイメージしながらバランスよく置く。

↓

タレがあればかける

タレは粗熱がとれてからかける。作るタレはとろみのあるものに。タレではなくさっぱり要員のレモンや大葉などを置くことも。

↓

主菜をさらにのせる

バランスを見ながら主菜のおかずをのせていく。2つではなく3つある場合は同様にのせていこう。

さっぱり要員をのせる

切ったレモンをのせる。のせる場所はお弁当のバランスを見ながら決める。主菜の近くに置くことが多い。

↓

ちいさな彩り野菜をのせる

トマトなどのちいさな彩り野菜をのせる。副菜のおかずの山とおかずの山の間の溝にのせるようにのせる。

↓

ゴマなどで飾りつけ

卵にごまやブラックペッパーでおめかしすることも。少し黒が入るとお弁当全体が引き締まるよ。

ちいさく切った大葉をごはんの上に

漬物をのせるために大葉をちいさく切る。上から見て、ごはんが見えているところに置くのがポイント。

↓

大葉の上に漬物をのせる

柴漬けやしそ生姜、たくあんなど、そのとき冷蔵庫にあるものを。漬物の下に大葉をひくのは彩りのため。

↓

大きい彩り野菜をのせる

オクラやインゲンなどを焼く、または茹でてのせる。置く場所や角度やバランスを見ながら決める。大胆にのせたほうがかわいい！

チーズなどをふりかける

粉チーズやごまなどをふりかけてお化粧する。ここで全体のお弁当のバランスを確認してととのえる。

↓

いるかわからん葉っぱでおめかし

ハーブなど、いるかわからん葉っぱをのせる。写真はチャービル。葉っぱはそのとき家にあるものや庭に生えているもの。

↓

大葉は万能。そのままでもちいさく切っても

常に冷蔵庫にあるのは大葉です。大葉は食べると口の中がさっぱりしますし、抗菌作用もあります。そのまま仕切りに使ったり、おにぎりに巻いたり、主菜のおかずをのせたり。漬物をお弁当に入れるときは大葉を小さく切ってそれを下敷きにしてのせます。ごはんに色も移らないし、彩りのプラスになります。

彩りトマトはなるべくちいさいものがいい

お買い物でいろんな野菜を上から下から吟味しているのが私です（笑）。ミニトマトはちいさいものが入っているもの、赤以外のカラートマトが入っているものを選びます。
ちいさいほうが、つめるときにバランスがよくてつめやすいのです。ヘタはとってからつめます。

オクラ、インゲンは少し曲がっている子がかわいい

野菜を選ぶときは、かたちをよく見て選んでいます。お野菜のかたちでお弁当の雰囲気が変わります。私はオクラやインゲンはちょっと曲がっているほうが好き。また、ミニにんじんやベビーコーン、ラディッシュなどちいさな野菜も大好き。焼いて添えるだけでお弁当がぐっとかわいくなります。

よぼよぼ葉ものは水に浸けて復活！

レタスなどの葉ものは気づくとよぼよぼしてしまいます。そんな葉は、すぐに捨てずにしばらくお水に浸けておくようにしています。数時間も浸けておくと、シャキッと復活！　よぼよぼトマトも同様に。お弁当にはもちろん使えますし、味噌汁や夕ごはんのサラダにも使えます。

Chapter 2
キッチンとお道具のこと

一日でいちばん長い時間を過ごすのが
キッチンです。だからキッチンを
整えておくことは、私の心を整える
ことにもつながっているのです。

Kitchen & Kitchen tools

キッチンとお道具のこと 1

愛しのお道具たち

私はキッチン用品のことを愛を込めて「お道具」と呼んでいます。子どもたちがちいさいころは、なかなか自由に使えるお金がなかったのですが、最近になってやっと、いろいろなお道具を迎えることができるようになりました。

職人さんの技術がきらりと光るものや、昔から日本で使われてきた伝統のものは、使ったらいいんだろうなぁと、ずっと憧れはありました。そのよさをはじめて知ったのは、菜箸。それまでは１００円ショップのものを使っていたのですが、大内工芸の菜箸を使ったとき、使い心地のよさに驚きました。お道具ひとつでこんなに変わるなんて！

今では、この菜箸がないとお弁当をつめるテンションがあがりません。もはや相棒！ 菜箸ひとつで朝からお弁当を作る気持ちが変わることを実感して、それからは、値段ではなく、「使っていて心地のいいもの」や「ずっと大切にしたい」と思えるものを選んでお迎えするようになりました。職人さ

とにかく、かごやざるが大好き！ 電子レンジの上に置いてあるのは、UTILEのユティルナイールシリーズのフードカバーと、白竹で作られた鳥越竹細工の椀かごです。

システムキッチンは無機質なものなので、木製や籐《とう》のアイテムを取り入れるとあたたかい雰囲気になります。お花も自分の気分があがるもののひとつ。

んが作るものは、それなりのお値段がするものもあるので、一度にそろえることはできませんが、少しずつコツコツと買い足して、今は好きなものに囲まれて料理をしています。しあわせ〜！

お弁当箱もお道具のひとつ。曲げわっぱのお弁当箱はプラスチックのものよりはお手入れが必要ですが、やっぱりその佇まいは素敵で、おかずをおいしそうに見せてくれます。

お手入れ方法についてよく質問をいただくのですが、私の場合は洗ったらすぐにふきんで拭いて、蓋を開けて立てかけて置いています。曲げわっぱは、飾り棚に並べて干しておいてもかわいいんですよね。おかずをつめるときも、油ジミにならないように、必ずおかずカップを使うようにしています（とくに無塗装のものはシミになりやすいので）。

確かにちょっと大変だけれど、それでも私はわっぱのお弁当箱を使いたい。やっぱり、お気に入りのお弁当箱におか

次男が学生のころに使っていたわっぱのお弁当箱。フチがボロボロになってお弁当箱の役割は終えたけれども、思い出があるので捨てられず、今では私の文房具入れになっています。

お道具の中でもお気に入りなのが、庄助工業の穴あきレードルです。茹で野菜をがぱっとイッキにすくうことができます。そしてなにより見た目がかわいい！

ずをつめていくほうが楽しいですから。使い続けていくとちょっと深い色に変化していく過程も、愛おしいんです。

時短・便利グッズも大好き。

最近買ったあげものトングは「もっと早くお迎えすればよかった〜」と思えるほどにスグレモノでした。その名のとおり揚げ物に特化しているのですが、つかみやすく、油ギレもよくって最高。おかげで、今の私は揚げ物に対する意欲がアップしています。やっぱりモチベーションをあげるためにも、お道具は大事。お気に入りのお道具たちは私をごきげんにしてくれます。

そんな私を見て、長女は「ママのお道具への考え方、好き！」と、自分でも家にお道具をそろえはじめたそうです。私が娘の年齢のころは、お金を使うところというとお洋服でした。だから、早くから家を整えて、ものを見る目を養える娘がちょっとうらやましい。きっと私くらいの年齢になったとき、素敵なお道具に囲まれているんだろうなぁと勝手な想像……。

北欧ブランドのイッタラも好き。マグカップやお皿などを少しずつ集めました。シンプルながらも差し色になるものが多いので、食卓をかわいく彩ってくれます。

オークスのレイエあげものトング。最近買った中でいちばん感動したお道具です。菜箸では扱いにくい野菜やお肉などがつかみやすくなりました！

お弁当箱

SNS でもとくに問い合わせが多いのがお弁当箱です。ここでは、5つの曲げわっぱのお弁当箱をご紹介します。曲げわっぱって、立てかけてあっても、積みあげてあってもかわいい〜。

裏表紙の写真の丸わっぱのお弁当箱がこちら。博多曲物 玉樹の丸弁当箱（5寸）です。夫にぴったりなサイズ。容量630ml、φ 14.5 × H3.9cm。

栗久の曲げわっぱ丸弁当。以前私が使っていたお弁当箱で、女性にぴったりなサイズです。容量 550ml、φ 13.6 × H6.2cm。

博多曲物 玉樹の楕円弁当箱（中）。浅い蓋のタイプを使っています。見た目以上につめられます。容量 580ml、W18 × D11 × H4.5cm。

博多曲物 玉樹の角弁当箱。ウレタン塗装仕上げでお手入れしやすい。四角いお弁当箱は持っておくと便利。容量は 700ml、W15.1 × D10 × H4.6cm。

博多曲物 柴田徳商店の角一段弁当箱（大）。白木の無塗装です。深さがあるので、しっかりつめたいときに。容量は 650ml、W16 × D10 × H6.5cm。

【掲載商品について】

※写真はすべて私物です。現在取り扱いのないものやデザインが異なるものがあります。また、サイズはすべておよその寸法となります。

わっぱ以外のお弁当をご紹介します。サンドイッチをつめるときはかごのお弁当箱に入れています。白竹で編んだお弁当箱も見た目がかわいくて好き！

創作竹芸とみながの白竹サンドイッチ籠です。意外と入ります！ハンバーグなどをつめます。容量は510ml、W20×D14×H8cm。

表紙にもなっている公長齋小菅の一段弁当箱。竹集成材のウレタン仕上げで、使いやすいです！　容量は500ml、W10.5×D15×H5.5cm。ちいさめです。

かごやの竹 弁当箱（大サイズ/細ひご）サンドイッチをつめるのにちょうどいい大きさです。中に入れる木の板は夫が作ってくれました。W19.5×D11×H6.5cm。

調理道具

調理道具はシンプルなものが好きです。手になじみ、見た目も愛着が持てるもの。新しく迎え入れるときは、キッチンに置いてあるほかのお道具とのバランスを考えます。
写真右から…グローバルのペティナイフ。包丁は2年ほど前にずっと欲しかったグローバルのものを数点買いましたが、中でもとくにおすすめなのはペティナイフです。とにかく使いやすい。ほかの包丁には戻れません。お隣のグローバル 18cmの菜切り包丁も最近仲間入りしました。別の野菜包丁を持っていましたが、やっぱりグローバルでそろえることにしました。／キッチンバサミは鳥部製作所のものです。すべてステンレス製なので、洗いやすいです。左右を取り外しできて洗えるのも衛生的でうれしいです。／まな板は、イタリアのオリーブの木でできたカッティングボードです。Arte Legno のもので、ひとつひとつ木の模様が異なるので、一点もの。この世にひとつしかないものだと思うと、大事に使いたくなります。

木製のものは使っていくと手になじんでくるので、おすすめです。写真右のヘラからご紹介します。写真右から…大久保ハウス木工舎のサクラの木でできた右利き用のへら。独特の曲線をしているのですが、ヘラのこのカーブがフライパンにぴったり沿って、とにかく食材を炒めやすいのです。／宮島工芸製作所の木べら。こちらもサクラの木でできたものです。買ったばかりのころはもう少し薄い色でしたが、使っていくうちにアメ色のようになっていきました。／菜箸は大内工芸のもの。お弁当をつめるのに使っています。／公長斎小菅の竹製茶こしは１～２人分のお茶を入れるのにとても便利です。ころんとしたサイズ感がとってもかわいい。／ちいさなスプーンは、ki duki さんで購入した大さじ小さじです。木製でかわいすぎる！／庄助工業の穴あきレードル。楕円穴開きと丸穴開きがあります。私は迷った末、両方お迎えすることにしました。野菜や麺などを茹でたときにさっとすくえてとっても便利です。大きさもちょうどいいんです。お気に入り。

調理道具

卓上コンロ

我が家はオール電化です。卵焼きを焼くときは、KOVEA のキューブカセットコンロを使用しています。ちいさくてコンパクト。軽いので持ち歩きも便利なんです。外でコーヒーなどを飲むときにも使えます。木製の部分は別売りパーツを取り付けています。木製パーツをつけたことで、よりインテリアになじむようになりました。

蒸し器

今年の春にお迎えしたせいろ。せいろで蒸した野菜のおいしさと言ったら！　夫と感動しました。早く買っておけばよかったと思ったもののひとつです。サイズは2種類持っています。ちいさいほうは直径 18cm。肉まん1個サイズです。大きいほうは直径 27cm です。ただざくざく野菜を切って蒸したり、蒸し卵を作ったりして楽しんでいます。どちらも、照宝のものです。

おひつ

朝、炊きあがっているごはんをまずおひつにうつします。それからお弁当の準備などをしていると、ほどよく冷めるので、それからお弁当箱につめています。これは東屋の２合用のおひつ。何年か前に娘からプレゼントしてもらったもの。／木製のしゃもじは宮島工芸製作所のものです。プラスチックのものも使いますが、テンションがあがるのはこちらのしゃもじです。大事に使っていきたいです。

ボウル

ボウルはステンレスとガラスのものを使っています。ガラスのものは、iwaki のもので、副菜を混ぜたりするときに使います。耐熱ボウルで電子レンジも OK なのがうれしい。５種類の大きさがセットになったものを買いました。／ステンレスのほうは、スコープで購入したパルスビーのボウルです。いちばん大きなＬサイズのボウルは広くて浅く、独特なかたちをしているのですが、使ってみると深いものよりも混ぜやすく、とっても使い勝手がよかったです。見た目もおしゃれで使っていると気分があがります。

なべ・フライパン

フライパン

左上はambaiの直径24cmのフライパンです。18cmのものも持っていて、ミニ大根やラディッシュなどの野菜を焼くのに使っています。鉄製だけど焦げにくい加工がされていて、扱いやすく、お手入れもかんたんです。／お肉料理に使っているのはT-falの直径22cmのフライパン。食洗機に入れてガシガシ洗えるのもうれしい〜。／卵焼きに使っているのは工房アイザワの純銅玉子焼きです。長さ12cmのものを使っていますが、この卵焼き器で焼くととってもおいしくなります。卵焼き器以外はIHにも対応しています。

土なべ

長谷園の土なべふたつ。どちらも買ってよかったと心から思っているもの。

左はご飯炊き用の鍋・かまどさん。我が家にあるのは3合炊き。この鍋で炊くとごはんがとっても甘くておいしくなります。私は夜にごはんを食べないのですが、かまどさんで炊くごはんを食べたら「これからはちょっとずつ食べていこうかな」と思えました（ありがとう、かまどさん）。／右はみそ汁鍋7～8号（3～4人用）です。大きいし重いんだけど、この鍋で作るお粥がとってもおいしくって！

見た目もころんとしてかわいいので、冬はたくさん使いたいなべです。

揚げ物なべ

揚げ物は富士ホーローの角型天ぷら鍋で。色は青が好きなので、ブルーグレーにしました。このなべを買うまでは卵焼き器で揚げ物をしてたんです。このホーロー鍋ではじめて揚げ物をしたとき「こんなにカラッと揚がるの!?」とびっくり。幅が25cmくらいなので、唐揚げは4つくらいイッキに揚げられます。

／揚げ物をするときに不可欠なのは上に重ねているオークスのレイエメッシュカバー。油ハネを防いでくれます。直径24cmでうすいのでどこの隙間にも入って片付けもラクちん！

ざる・かご

どうして、かごやざるってこんなにときめくんでしょうか。眺めているだけでしあわせな気持ちになります。
左奥から…鳥越竹細工の椀かご（小）です。直径29cmでお弁当箱を干すのに使っています（ちなみに大も持っています）。／食器の水切りに使っているのは、楽天で見つけた白竹オードブル篭直径30cmです。／米とぎざるはスズ竹細工の3合用のものです。私は米だけではなく野菜を洗うのにも使っています。買った当初はもう少し青みがかっていたのですが、経年で色が変化していくのも愛おしいですね。

左奥から…スズ竹細工のざるです。お野菜などを洗ったりするのにも使えるし、野菜をのせておくのにも使えます。／紫玉ねぎがのっているのは鳥越竹細工のスズ竹丸ザルの8寸です。夏は枝豆やとうもろこしなどをのせています。／トマトがのっているものは、同じく鳥越竹細工の手付き楕円ざる。笹の葉を敷いて麺類をのせたり、おつまみを置いたりするのに使っています。

便利アイテム

すりおろし器

貝印の調理道具セット。キャロットラペを作るときは、この中のスライサーを使います。それまでは包丁で地味に切っていたけど、やっぱり均一にするにはスライサーがいちばん（笑）。

サラダスピナー、みじん切り器

あると便利かなと軽い気持ちで買ったらとっても便利だった、OXO のサラダスピナー。大量のハンバーグを作るときに活躍するみじん切り器がケイ・アンド・エーのぶんぶんチョッパー。

保存容器

副菜の保存に使う容器は iwaki のもの。ガラスなので、少し重いですが、ニオイ移りもなく助かっています。子どもたちがいるころは作りおきなんてできなかったけど、今は保存容器が大活躍！

トング

左は柳宗理のもの。左右非対称になっていて、どんなフライパンにも合うようになっています。右はオークスのレイエゆびさきトング。名前のとおり、指先のように使えるんです！

便利アイテム

ふきん

何年も愛用しているテイジンのあっちこっちふきん。油汚れクロスの前に拭けばあとの掃除がラク！右は大判のＬサイズです。左はあっちこっち水切りマット。ざるの下などに敷いて使っています。

まな板シート

ダイソーのまな板シート。ニオイ移りや色移りが気になる食材を切るときには、まな板の上に置いて使っています。詰め替えを買い続けているので、箱はぼろぼろ（笑）。

チーズ抜き型

ダイソーで見つけたチーズの抜き型。スライスチーズが網目や水玉にカットできます。ハンバーグにのせて飾るととってもかわいい！　裏表紙のハンバーグがそれです。

お味噌汁セット

家事問屋のパンチング味噌こしは穴あきのお玉つきでとっても便利。ステンレスで洗いやすいのもうれしい。これを使うようになってから、お味噌汁を作るのが苦ではなくなりました。

ピーラー

左はOXOのタテ型ピーラー。これを迎えてからごぼうのささがきがとっても早い！　真ん中はののじのキャベピィMAX。キャベツの千切りがかんたん！　右は貝印のT型ピーラー。万能です。

電子レンジ用シート

電子レンジは放っておくとすぐに焼けてしまうので、山崎実業のtower電子レンジ用のシリコンマットをひいています。その上にダイソーの電子レンジ用の皿を置いて使うときれいが保てます。

おかずカップ

おかずカップはセリアの8号サイズをメインで使っています。未ざらしと、透明のものが2種類がありますが、汁気が気になるときは、透明カップの出番。お弁当の完成をイメージして使い分けています。

IHコンロ用ヒーターマット

サラサデザインのIHシリコンマット。IHコンロの焦げつきを防いでくれるシリコン製です。これをするようになってから焦げつきが気にならなくなりました。

キッチンは私の居場所

キッチンは一日のうちでいちばん長い時間を過ごす場所で、家の中でいちばん好きな場所です。

数年前までは、子どもたちが起きてくるのを「おはよう」とキッチンで迎えて一日がはじまりました。私がキッチンで料理をしていると子どもたちが「今日はなに？」と味見しにきたり、今日学校であったできごとを話にきてくれたり。キッチンは子どもと私のコミュニケーションの中心の場所でした。子どもたちに家の中にいる私を想像してと言ったら、３人ともキッチンに立っている私を思い浮かべると思います。

去年の冬にキッチンをリノベーションしました。前のキッチンは北向きだったので、ずっと寒くて暗かったんです。料理をしていても冬場は足元が冷えて……。でも、こぢんまりとしていて、そこが好きでした。ちょっとひとりで考え事をしたいときも、キッチンに椅子を持ってきて考え事ができる、私が落ち着ける場所でした。

小鳥が好きなので、キッチンには鳥モチーフの雑貨をいろいろ飾っています。本当に自己満足なのですが、毎日頑張るためには自己満足も必要かな……（笑）。

子どもたちが家を出て、家に空いているスペースもできたので、思い切ってリノベーションすることに決めました。新しくなったキッチンは通路を広くしてオープンで明るく。壁の色も担当してくれた大工さんに、いちばん白くしてほしいと頼みました。新しくなっても、やっぱり私はいつもキッチンにいます。お弁当のスケッチを描いたり、下ごしらえをしたり。SNS用の動画を撮影したり、編集したり。愛犬のむぎやんと遊んだり、おやつを食べたり(笑)。やっぱりキッチンがいちばん居心地がいいんです。

たまに前のキッチンのこぢんまりとした感じを思い出して懐かしむこともあるけれど、キッチンが新しくなってからは、どんどん新しい風が吹いているような気がして、このキッチンとともに歩むこれからの人生も楽しみでなりません。

うちの子どもたちにとってもキッチンはなじみのある場所だと思います。子どもたちにはちいさなころから、遊びの一

キッチンの横に置いてあるデスクは、娘が学生のときに勉強机として使っていたものです。年季が入ってアンティークな雰囲気に。今では私が動画の編集をするために使っています。

環として台所仕事を手伝ってもらっていました。ただ野菜をちぎるだけ、野菜を洗うだけでしたが、3人とも楽しんでやってくれていました。高校生になったころには、台所に立つようにうながしました。とくにふたりの息子たちには「もう女性だけがキッチンに立つ時代じゃないよ」と割と口酸っぱく言ってきたつもりです。

現在、それぞれひとり暮らしをしている息子たちですが、キッチンの掃除方法や、料理に使える便利グッズを教えてほしいとよく連絡をくれるので、頼ってくれてうれしく思います。

ある日、娘が「ひとり暮らししてわかったんだけど、副菜が2~3品食卓に並ぶことってすごいことなんだね」とぽつりと言ったことがあります。その言葉を聞いたときも、とてもうれしかったです。これまでの自分を認めてもらえたような気持ちになって、じーんとしたのでした。

キッチンに置く電化製品もなるべくシンプルなものにしています。炊飯器は象印のSTAN.シリーズ。発売されたときに「これだ!」と思って決めました。

お気に入りの調理用品はしまわずにキャニスターに入れて見える収納に。キャニスターはすべてスコープのもの。見ているだけでテンションがあがる!

Column 2

キキのキッチンの全貌

1 パントリー

入り口の丸いアール開口がお気に入りのパントリー。写真に見えていないところには、ストックの調味料などがたくさんおいてあるのですが、キッチンから目に入るところは、好きなものを並べています。フォロワーさんからよく問い合わせをいただくストウブのお鍋もかわいいので、よく見えるところに。この写真の2段目右側にあるストウブのお鍋はWa-NABEのLサイズ20cmと、ラ・ココット DE GOHANのMサイズです。中央にあるトースターはアラジンです。

2 食器棚

食器棚もたっぷりあります。好きなショップを訪れて買ったり、ネットで買ったり、いろいろ。陶器市にも行きます。

この収納カウンターはクリナップのラクエラを採用。扉のカラーはライトオークです（これは価格を抑えるため。笑）。キッチンのほうはステディアのオークラテなので、今となってはそろえたほうがよかったかなあ、と少し後悔……。でも、基本的にはとても気に入っています。

3 コンロ

コンロはガラストップ。我が家はもともとオール電化なのでIHコンロの3口です。無機質になりがちなコンロ周りには好きなものを並べています。スコープのキャニスターに入ったお気に入りのお道具や、これまたスコープで見つけた白と茶色の壺（中には砂糖と塩が入っています）。レンジフードは、洗エールレンジフード。色はステンレスにしました。
いつものコンロ横には新聞紙で折った野菜くず入れを置いています（P98 参照）。

4 調理道具など

コンロ下の引き出しの中です。フライパン収納に使っているのは、山崎実業さんのtowerシリーズのものです。towerシリーズはとてもシンプルで洗練されたデザインのものが多いので、よくチェックします。調味料を立てているのは無印良品のポリプロピレンのファイルボックスです。

実は調味料の場所にとても悩んだんです。でもシンクの下がいちばん取りやすいかなと今の位置に落ち着いています。全部扉を引き出さなくても少しだけ開ければ調味料を取り出せるようにしています。

5 シンク

シンクはいつもピカピカにしておきたい場所です。常にあっちこっちふきん（P52で紹介）で拭きあげています。使ったら拭く、また使ったら拭くというのがもう癖になっているのかもしれません。キッチンの天板はセラミックのシリウス採用。実は私はホワイト系が希望だったんです。でも、夫がこの黒にひと目惚れでした。

キッチンにも休日を

私は週に1度、キッチンをリセットします。これは長年ずっとやってきたことです。キッチンは平日朝から晩まで働いてくれています。人間と同じようにお休みも必要だよなぁ、と思ってはじめました。

リセットする日は、キッチンの扉をすべて開けておきます（食洗機も）。扉が閉まったままだと湿気がこもるような気がするので、湿気を外に逃がします。キッチン全体に深呼吸をしてもらうイメージです。

シンクも1週間の汚れをリセット。お掃除の方法は、まず、ラップを丸めたものを使って、全体を合成洗剤で洗います。ラップだと傷がつきにくいそう。そのあとにクレンザーで磨き上げてから、クエン酸を溶かした水をふりかけてラップでパック。しばらくおいて水で流すとピッカピカに！　仕上げにコーティング剤で水捌けをよくして終了です。

リセットの日は、私の気持ちのリセットの日。「お互いに一週間お疲れさま」という想いでお掃除をしています。

写真のようにすべての扉を開けます。お部屋にも空気の入れ替えが必要なように、キッチンにも空気の循環が大切だと思っています。この状態でおでかけすることも。

リセットの日の様子です。いつもはキッチンの上に出しているものも拭いてテーブルなどに置いています。そのときに調味料入れの中身を補充しています。

Columun 3

キキがお掃除に使っているアイテム

左から…ドーバー酒造のパストリーゼ 77。アルコールの除菌剤ですが、安全なものなので、保存容器に吹きかける、手にかける、ステンレスのザルに使う、などとにかく万能です。／友和の超撥水コーティング剤 弾きは、シンクの掃除をしたあとにふりかけておくと水をはじいてくれます。毎日は使いませんが、週末のキッチンリセットの日に使います。／花王のクイックルホームリセット泡クリーナー。主に床に使っています。これを使うと床掃除もきれいにさっぱり！／ KOWA のリンレイウルトラハードクリーナーは、油汚れに強い商品です。換気扇の油汚れが気になるときにだけ使っています。／東邦のウタマロクリーナー。フライパンの焦げつきに使うのがおすすめ。重曹とこのウタマロを合わせるとノリのようになるので、それをフライパンの裏底に塗って、ラップをかけておくときれいにとれます。／ユニリーバ・ジャパンのクリームクレンザー ジフ。これも週に 1 回のキッチンリセットの日のシンク掃除に使います。

リノベーション直後のキッチン大公開

キッチンメーカーはクリナップのステディアです。扉カラーはオークラテ。

ちいさいスペースですが、パントリーを作ってもらいました！アーチ型の開口がお気に入り。

コンロ横の壁のうしろは通路。通り抜けてリビングに行くことができます。

Chapter 3
キキレシピ

キキ弁に登場するおかずのうち、
とくに人気のあるもののレシピです。
キキのレシピの特徴は「かんたんに作れること！」。
ぜひ作ってみてくださいね。

Kiki's Recipe

キキレシピ 1

お野菜のレシピ

私は野菜が大好きです。子どもたちにも野菜のおいしさを知ってほしくて、常に野菜の副菜は2〜3品作って食卓に並べていました。

長女がひとり暮らしをはじめてしばらく経ったときのこと。長女の顔にたくさんの吹き出物が……。娘は「これは絶対にママのごはんを食べてないからだ」と言うのです。たしかに、うちの子どもたちは3人とも思春期でもあまり吹き出物がでなかったんです（お野菜パワー!!）。次男はこれまたひとり暮らしをして副菜の存在の大きさに気づいたとか。3人とも野菜好きに育ってくれてよかったと思っています。

野菜はいつも直売所で買っています。やっぱり新鮮な野菜を使うと、できあがるものの味が全然違います。レシピのラインナップは直売所に並んでいる野菜を見て決めています。

野菜はそのままでも、焼くだけ、茹でるだけでも十分においしいので、味つけはシンプル。素材の味を楽しめるようにしています。

子どもたちが久しぶりに帰省すると朝から野菜をたっぷり食べます。子どもたちからも「野菜が食べたい」とリクエスト。写真は長男の朝ごはん（ひとり分）。

直売所を訪れるのは楽しみのひとつ。子どもが家を出てからは作る量が減ったので、必然的に買い物の頻度も少なめになりました。今は週に2〜3回程度です。

紫キャベツの甘酢

材料（作りやすい分量）

紫キャベツ…½玉
塩…適量
酢…大さじ3
砂糖…大さじ3

作り方

1 紫キャベツを千切りにする（キャベツ用のピーラーを使うと便利）
2 塩揉みをして30分くらい置いておく
3 水で洗って水分をよく切る（キッチンペーパーなどで水気をとる）
4 ポリ袋などに**3**を入れ、酢と砂糖を加えてよく揉む。ひと晩冷蔵庫で味をなじませる

※砂糖は上白糖を使ったほうが紫の発色がきれい！

※本書では大さじ=15ml、小さじ=5mlとしています

紫玉ねぎの甘酢

材料（作りやすい分量）
紫玉ねぎ…中１個
塩…適量
酢…大さじ２
砂糖…大さじ２

作り方
1. 紫玉ねぎはスライサーで薄切りにする
2. 塩揉みをして 10 ～ 30 分置いておく
3. 水で洗って水分をよく切る（キッチンペーパーなどで水気をとる）
4. ポリ袋などに **3** を入れ、酢と砂糖を加えてよく揉む。できればひと晩、早く食べたいときは２時間程度冷蔵庫で味をなじませる

※砂糖は上白糖を使ったほうが紫の発色がきれい！

紫玉ねぎとツナ

材料（作りやすい分量）
紫玉ねぎ…１個
塩…適量
ツナの水煮…１缶
マヨネーズ…大さじ１
白だし…小さじ１
パセリなどのハーブ（あれば）…少々

作り方
1. 紫玉ねぎはスライサーで薄切りにする
2. 上のレシピの **2・3** の要領で塩揉みをする
3. ボウルに **2**、マヨネーズ、白だしを入れてよく混ぜる
4. 水気を切ったツナを入れやさしく混ぜ合わせ、あればハーブを散らす

※サンドイッチの具にしてもおいしい。子どもたちも大好きだったよ！

キキレシピ ─お野菜─

キャロットラペ

材料（作りやすい分量）

にんじん…大２本
塩…小さじ½
レモン汁…大さじ２
オリーブ油…大さじ４

作り方

1 にんじんはスライサーで細切りにする
2 塩揉みをして10～30分置いておく
3 手で水分をしっかり絞ったあと、キッチンペーパーなどを使ってさらに水分をとる
4 レモン汁、オリーブ油を加えて和える

※お弁当に水分は大敵。２、３のプロセスでしっかり水分を出してね。

にんじん明太子

材料（作りやすい分量）
にんじん…大１本
明太子…50g ～お好みで
みりん…大さじ１
白だし…小さじ１
ごま油…大さじ１

作り方
1 明太子は皮をとってほぐしておく。にんじんはスライサーで細切りにする
2 フライパンにごま油を熱し、にんじんを炒める
3 火が通ったら、みりんを加えて混ぜる
4 にんじんがしなっとしたら、明太子と白だしを加えてさっと炒める

※明太子は火をとおしすぎると風味が飛んでしまうので注意。

オクラのおかかマヨ

材料（作りやすい分量）
オクラ…10 本程度
マヨネーズ…大さじ２
かつお節…１パック（1.5g）
白だし…お好みで少しずつ加える

作り方
1 オクラは塩適量（分量外）をまぶし、板ずりしておく
2 お湯に入れて２分ほど茹でる
3 粗熱をとって、水気を切り、好きな大きさに切る
4 マヨネーズ、かつお節、白だしとよく和える。白だしは味見をしながら少しずつ加えて好みの味つけにする

※オクラは板ずりしてイゲイゲした産毛をとっておくよ！

タラモサラダ

材料（作りやすい分量）

じゃがいも…中２個
明太子…50g
バター…10g
マヨネーズ…大さじ２
レモン汁…大さじ１
パセリ（あれば）…少々

作り方

1. 明太子は皮をとってほぐしておく
2. じゃがいもは皮をむいてひと口大に切って、しばらく水にさらしておく
3. **2**をラップで包み、電子レンジ600Wで５分加熱する。加熱が足りないようなら様子を見ながら加熱時間をのばす
4. じゃがいもが熱いうちにボウルなどに入れてマッシャーなどで潰す
5. 粗熱がとれたら、明太子、バター、マヨネーズ、レモン汁を加えて味をととのえる
6. お好みでパセリを散らす

※口当たりがモサモサしていると感じる人は牛乳を加えればなめらかに。

マカロニサラダ

材料（作りやすい分量）

マカロニ…100g
きゅうり…１本
にんじん…⅓本
塩…適量
ハムやカニ風味かまぼこ
…適量（お好みで）
ゆで卵（あれば）…１個
マヨネーズ…大４～５
（お好みで）
酢…少々
塩・こしょう…各少々
パセリ（あれば）…少々

作り方

1. きゅうりは輪切り、にんじんはいちょう切り、ハムやカニ風味かまぼこは食べやすい大きさに切る
2. きゅうりとにんじんを別々に塩揉みして10～30分置いておく
3. きゅうりとにんじんを置いている間にマカロニを茹でる。沸かした湯に塩適量（分量外）を入れ、マカロニを表示通りに茹でる
4. 茹でたら熱いうちにオリーブ油適量（分量外）と和えておく
5. **2**の水気をしっかり絞って、粗熱のとれた**4**、あればちいさく切ったゆで卵、マヨネーズ、酢、塩・こしょうと和える
6. お好みでパセリを散らす

※新玉ねぎやボイルしたウインナーなど好きな具材で楽しんでみてね！

Kiki's Recipe

キキレシピ 2

お肉とお魚のレシピ

キキ弁にはお肉やお魚の主菜がドドーンとのっているイメージがあるかもしれません。人気なのはハンバーグと唐揚げかな？　子どもたちが食べ盛りのころは、ハンバーグを作るとなるとスーパーで大量のひき肉2キロくらい!!を買っていました。それでもあっという間に消えてしまうので、作りおきなんてできません。今でも子どもたちが帰省したときに「なに食べたい？」と聞くとハンバーグと答えるので、うちの子たちにとっての母の味はハンバーグなのかな!?（カレーも同率1位）。

インスタグラムでは唐揚げも人気ですが、実は子どもたちが学生時代はあまりお弁当に登場しませんでした。というのも長男がサッカーをやっていて、お昼に揚げ物を食べたあとに運動すると、胸焼けがするからというのが理由でした。なので、娘や長男は、学生時代にたまにしか唐揚げを食べてこなかった反動か、ひとり暮らしをして真っ先に唐揚げにトライしたようです（笑）。

子たちが帰省したとき、前日に残ったハンバーグを使って、ハンバーガーに。このボリュームだけど、長男ひとり分の朝ごはん(笑)。合わせるチーズはチェダーがおすすめ！

キキレシピ —お肉とお魚—

ハンバーグ

材料（3〜4個分）

合い挽き肉…500g
玉ねぎ…½個
パン粉…大さじ6
卵…L玉1個
絹ごし豆腐…1パック（80g）
塩・こしょう…各少々
ナツメグ…お好みで

ソース

水…50ml
ケチャップ…大さじ5
ウスターソース
…大さじ1〜2
砂糖…大さじ1〜2
バター…大さじ1

とろけるチーズ、粉チーズ
…お好みで

作り方

1 玉ねぎは粗みじん切りにして、耐熱容器に入れ、電子レンジ600Wで2〜3分加熱する。冷ましておく
2 **1**、合い挽き肉、パン粉、卵、豆腐、塩・こしょう、ナツメグをよく混ぜる
3 3〜4等分にして俵形に成形する
4 火が通りやすいように、真ん中にくぼみを作る
5 ハンバーグを焼く。はじめは中火で2〜3分焼いて焼き目をつける
6 裏返して蓋をし、弱火にして7〜8分焼く
7 竹串を刺し肉汁が透明だったらOK。赤っぽい肉汁の場合はさらに加熱して中まで火を通す。火が通ったらフライパンから取り出す
8 ハンバーグを焼いたフライパンを軽くキッチンペーパーでふいてソースを作る
9 フライパンにソースの全材料を入れ、煮詰めたら完成
10 完成したハンバーグにソースをかけ、お好みでとろけるチーズや粉チーズをかける

※ハンバーグ1個250g〜300gで作るときはふたをして弱火で10〜12分かけてしっかりと火を通して。
※ソースは水を赤ワインにするとより本格的になるよ！

5

8

9

唐揚げ（しょうゆ＆塩こうじ）

材料（各３～４人前）

しょうゆ味

鶏もも肉…350 ～ 400g
しょうが…１かけ
にんにく…１かけ
しょうゆ…大さじ１～２
酒…大さじ１
塩…少々
ごま油…少々

塩こうじ味

鶏もも肉…350 ～ 400g
塩こうじ…大さじ２～３

作り方

しょうゆ味

1 しょうが、にんにくはすりおろす
2 肉はひと口大に切って、すべての材料をポリ袋などに入れて揉み込み、できればひと晩冷蔵庫に入れて味をなじませる
3 片栗粉（分量外・適量）を肉全体にまぶす。
4 180 度の油（分量外・適量）で揚げる。揚げ時間の目安は、肉を入れて３分、裏返して１～２分

塩こうじ味

1 肉はひと口大に切る
2 ポリ袋などに肉と塩こうじを入れて揉み込み、できればひと晩冷蔵庫に入れて味をなじませる
3 片栗粉（分量外・適量）を肉全体にまぶす
4 180 度の油（分量外・適量）で揚げる。あげ時間の目安は、肉を入れて３分、裏返して１～２分

※塩こうじ味に出汁パックを使うともっとおいしくなるよ！　工程１で出汁パックをはさみで切って、中身をちょっとだけ足してみてね。

しょうゆ味　1

2

4

鶏の照り焼き

材料（作りやすい分量）

鶏もも肉…½枚
片栗粉…適量

タレ

しょうゆ…大さじ1と½
酒…大さじ1
みりん…大さじ1
砂糖…大さじ1

作り方

1 鶏肉は火が通りやすいように、皮目にフォークで何か所か穴をあけてから片栗粉をまぶす
2 フライパンに油を適量（分量外）ひいて中火で熱し、肉を焼く
3 弱火にして両面焼き、中までしっかり火を通す
4 キッチンペーパーで余分な油を拭きとってから、タレの材料を加えてよく絡める。好みの大きさに切る

※ちいさめの照り焼きを作るときは、１のタイミングでお肉を切っておいてもよいです！

鶏の照り焼きの下には4色丼が隠れているよ！

鶏そぼろ、甘めの炒り卵、ほうれん草のごま和え、シャウエッセンのスライスで4色丼。鶏そぼろは、しょうゆ、酒、砂糖、しょうがシロップまたはすりおろししょうがを目分量で。ほうれん草のごま和えは茹でたほうれん草に白いりごまとしょうゆ、砂糖を和えただけのもの。歯応えいろいろで楽しいお弁当になりました！

鯖（ブリ）の竜田揚げ

材料（作りやすい分量）

鯖（ブリ）…2切れ
しょうゆ…大さじ2
すりおろしにんにく…1かけ分
すりおろししょうが…1かけ分
酒…大さじ2
片栗粉…適量

作り方

1 鯖やブリは食べやすい大きさに切る
2 ポリ袋などにしょうゆ、にんにく、しょうが、酒を入れて混ぜ、1を入れ、冷蔵庫でひと晩味をなじませる
3 片栗粉を全体につける
4 180度の揚げ油適量（分量外）で3分ほど揚げる

※多めの油でフライパンで揚げ焼きにするでもOK！

ズッキーニの肉巻き

材料（作りやすい分量）

ズッキーニ…１本
豚バラ肉…６～７枚
片栗粉…適量

タレ

しょうゆ…大さじ１
酒…大さじ１と1/2
みりん…大さじ１
砂糖…大さじ１

作り方

1 まな板などに豚バラを縦にして６～７枚並べる。このとき、少しずつ重ねるようにして並べる。
2 ズッキーニに1を巻いていく
3 巻き終わったら側面全体に片栗粉をまぶす
4 フライパンに油適量（分量外）をひき中火で熱し、3の巻き終わりを下にして焼く
5 弱火で３分ずつ転がしながら中までしっかり火を通す
6 全体に火が通ったら、余分な油をキッチンペーパーで拭きとり、タレの調味料を入れて全体に絡める
7 適当な厚さにスライスする

※ズッキーニがない季節は軽く茹でたキャベツを４～５枚重ねて筒状にしてから肉巻きにしてもおいしいよ。

Kiki's Recipe

キキレシピ3

卵のレシピ

キキ弁には卵はかかせません。ゆで卵だったり、卵焼きだったり。鮮やかな黄色がひとつお弁当にはいるだけで、なぜかおいしそうに見えるからすごい。

　以前は子どもたちのお弁当だけで5～6個の卵を消費していましたが、今では2～3個。ずいぶん少なくなりました。2～3個のゆで卵を作るためにお湯を沸かすのももったいないなあと思い、お迎えしたのが「コッコ クック レンジ」。電子レンジでゆで卵が作れるスグレモノです。コンロが1口空きますし、時短にもなります。

　ゆで卵を作るときは3個。夫のお弁当に入れるのは割ってみていちばんおいしそうに見える1個を選んでいます。残った卵は私のお昼ごはんに。

　卵焼きは、卵だけのときもありますし、そのときに冷蔵庫にあるものを適当に刻んで入れるときもあります。お砂糖をたっぷり入れて甘～い卵焼きが我が家の味。卵は養鶏所の新鮮なものを購入しています。おいしい卵に日々感謝！

コッコ クック レンジは4つのゆで卵ができるもの。我が家では「コケコッコー」と呼んでいます（笑）。キッチンにそのまま出しっぱなしになっててもかわいい！

キキレシピ —卵—

卵焼き

材料（12 × 16.5cm の卵焼き器で作りやすい分量）

卵…L玉3個
砂糖…大さじ3
塩…少々
好きな具（あればカニ入りかまぼこ、ネギなど）…適量

作り方

1 ボウルに卵、砂糖、塩、あれば刻んだ好きな具を入れよく混ぜる
2 卵焼き器に油を適量（分量外）ひき、4～5回に分けて卵を巻いていく。都度、適量の油をひく
3 かたちをととのえる
4 粗熱がとれたら、好きな厚さに切る

※具はあってもなくても OK！　そのときに冷蔵庫に残っていればなんでも入れるよ。

だし巻き卵

材料（12 × 16.5cm の卵焼き器で作りやすい分量）

卵…L 玉３個
だし汁…大さじ３～４
砂糖…大さじ ½ ～１

作り方

1 ボウルに卵、だし汁、砂糖を入れてよく混ぜる。
2 卵焼き器に油を適量（分量外）ひき、４～５回に分けて卵を巻いていく。都度、適量の油をひく
3 かたちをととのえる
4 粗熱がとれたら、好きな厚さに切る

※砂糖の量は味を見ながら減らしたり増やしてね！

Kiki's Recipe

キキレシピ4

ごはんとパンのレシピ

私は、お弁当にごはんをつめるときにその重さをはかります。それを見たインスタグラムのフォロワーさんには「すごい、細かい！」と驚かれるのですが、決して細かい性格だからということではないんです。

夫は冬と夏では食べる量が変わります。からだを動かす仕事をしているのですが、夏は暑さでバテるようで、食べる量が減ってしまいます。なので、ごはんの量は体調を管理するひとつのバロメーター。いつもは240グラムくらいですが、夏は180グラムくらいまで減らすことも（でもこの夏はあまり減らさずよく食べてたなぁ）。

子どもたちが帰ってくると朝ごはんにおにぎりを握ることが多いのですが、おにぎりも重さをはかります。長男は朝から1個100グラムのおにぎりを3つもペロリ。それを見ては「食べる量が学生のころから変わらないなぁ」と思ってうれしくなるのです。ごはんのグラム数は、子どもとの思い出の数字でもあるんです。

私と夫のお弁当。夫はごはん240グラム、私は120グラム。私のごはんの量が少ないのは、食後におやつを食べたいから（笑）。重さをはかるのは、自分の体調管理にもなります。

焼肉ビビンバ

材料（作りやすい分量）

牛肉薄切り…400g
焼肉のタレ…適量
ごはん…適量

にんじんナムル

にんじん…大1本
ごま油…大さじ1
コチュジャン、鶏ガラスープの素（顆粒）…各小さじ1
しょうゆ…小さじ1
にんにくすりおろし…お好みで

小松菜のナムル

小松菜…1束
鶏ガラスープの素（顆粒）…小さじ1強
しょうゆ…大さじ1
ごま油…大さじ1
白ごま…お好みで

もやしのナムル

もやし…1袋
鶏ガラスープの素（顆粒）…小さじ1強
しょうゆ…大さじ1
ごま油…大さじ1
白ごま…お好みで

作り方

1 にんじんナムルを作る。にんじんはスライサーで細切りにする。耐熱ボウルにすべての材料を入れ、電子レンジ600Wで2分30秒～3分加熱し、よく混ぜる

2 小松菜のナムルを作る。小松菜は塩適量（分量外）を入れた湯で茹でる。はじめに茎だけ湯に入れ30秒、葉まで入れてさらに30秒茹でる。水に浸して粗熱をとる。水気をしぼり、好きな長さに切る

3 ボウルに鶏ガラスープの素、しょうゆ、ごま油、白ごまを入れてよく混ぜ、**2**を加えてさらに混ぜる

4 もやしのナムルを作る。もやしはよく洗い、耐熱ボウルにすべての材料を入れ、電子レンジ600Wで2分30秒～3分加熱し、よく混ぜる

5 フライパンに油適量（分量外）をひき、牛肉を焼き、焼肉のタレで味つけする

6 弁当箱全体にごはんを敷きつめ、にんじんナムル、小松菜のナムル、もやしのナムル、焼肉をバランスよくのせていく

※お好みでゆで卵や赤ウインナー、漬物を一緒につめると彩りがよくなってかわいい！

鯖の混ぜごはん

材料（作りやすい分量）

鯖…１切れ
大葉…10 枚くらい
みょうが…適量
みつば…適量
炊き立てのごはん…１合

作り方

1 鯖にはかるく塩（分量外）をふって両面焼く
2 大葉とみょうがは細切りにする
3 みつばは粗く刻む
4 炊き立てのごはんに 1、2、3 を混ぜる

※出汁パックを使っていれば、出汁パックの中身を少しだけ混ぜると旨みが増すよ。

卵のサンドイッチ

材料（2人分）

ゆで卵…L玉2個
マヨネーズ…お好みで
キャロットラペ（P72）…半量
お好きなパン…2人分
レタス…お好みで
※写真は1人分、フランスパンを使用

作り方

1 ゆで卵はみじん切りにし、マヨネーズと、塩・こしょう少々（分量外）を混ぜる
2 パンに切り込みを入れてトースターで焼く
3 切り込みにレタス、1、キャロットラペを挟む

※私は、サンドイッチが大好き。これでもか！というほどたくさん挟むのがおいしい。

ゆで卵を切るときはラップで包丁を包む

ゆで卵を切ると、包丁に黄身がくっついて断面があまりきれいではなくなってしまうことがあります。でも、包丁をラップで包んでから切ると、不思議と黄身がつかず、とってもきれいな断面になるんです。

ラップはそのまま捨てればいいので、洗い物もラクちん！

サンドイッチのパンは ホイルを使って口を開く

サンドイッチの作り方はいろいろありますが、パンに切り込みを入れてポケット状にして具をつめるときはホイルを使うと、かたちをキープできてつめやすいのでおすすめです。パンに切り込みを入れたら、丸めたホイルを入れてトースターで焼くだけ。中もカリッとして、パンが具の水分でべちゃっとなりにくくなります。

おにぎりはお碗でふりふりして軽く握るだけ

おにぎりはぎゅっと握ったものよりも、ふわふわのほうが好みです。私は、80〜100グラムのごはんをお碗に入れてかるく塩をしてフリフリしてかたちを整えるだけ。あとはのりで包めば完成。これだと冷めてもかたいおにぎりにならないような気がします。またふりふりしている間にごはんが冷めるのもよい点です。

ゆで卵のみじん切りにはスライサーが便利！

ゆで卵をみじん切りにできる便利アイテムもあるようなのですが、私はエッグスライサーを使ってみじん切りにしています。縦にスライスしてから、卵を90度回転させてカットすると、均等なみじん切りになりますよ！

私が使っているのは工房アイザワのエッグスライサーです。

野菜を茹でるときは 穴あきレードルを使ってお湯は有効利用

野菜を茹でるときは穴あきレードルなどを使ってお湯から野菜をとりあげます。排水管が傷んでしまうので、シンクにお湯を流すことはしません。

鍋に残ったお湯はとっておいて、お肉を焼いたフライパンを洗うときなどに使っています。油汚れはお湯にしばらくつけておくとスルッとかんたんに落ちるんです。

新聞紙を折って生ゴミ入れに。一日の生ゴミは袋に入る分だけが目標

新聞紙を半分に切って折ったゴミ入れは、水分も吸収してくれるので、生ゴミ入れにはぴったりなんです。一日の生ゴミはこの袋に入る分だけしか出さないように決めて、なるべくおさめるように気をつけています。

そう意識しているとよぼよぼしはじめたお野菜もなんとかして調理しようという気持ちになれます。

調理で気をつけていること

とくに夏場のお弁当作りで気をつけていることです

☑ 除菌と乾燥

まな板とスポンジ、調理道具はこまめに除菌しています。お弁当箱は洗った後にすぐに拭いて乾燥させます。乾燥させるときは下向きではなく、上向き。そのほうがお弁当箱が呼吸しやすい気がするんです。

☑ なるべく素手を使わない

なるべく素手を使わないようにしています。調理するときは、菜箸やトングを使うようにしています。素手を使う場合は、必ずその前に洗うこと。

☑ 味つけは濃いめ

わっぱ弁当はレンジであたためることができないので、冷めてもおいしいように味つけは濃いめです。十分に火を通すことも気をつけています。

☑ 粗熱と水分はとる

ごはんやおかずは冷ましてからお弁当につめます。水気は大敵なので、水気の少ないおかずを作っています。ラペなども調理過程で水分をしっかり取り除いています。

☑ 持ち運びに工夫

夫は会社に冷蔵庫があるので、会社に到着したら冷蔵庫に入れてもらっています。子どもたちが学校に持って行っていたときは、保冷バッグと保冷剤を使って傷まないようにしていました。

愛用調味料

私が使っている調味料の一部をご紹介します。
P100 右から…BIOCA のオーガニックの有機レモンストレート果汁 100%。調味料はなるべくオーガニックのものを取り入れています。／山のオリーバのエクストラバージンオリーブオイル。有機のオリーブオイルで香りがいいです。／赤マルソウの島一番の調味料屋が作ったシークヮーサーポン酢。蒸し野菜などをつけていただくとおいしい！／足立醸造の国産有機醤油を使ったゆずポン酢。まろやかな酸味で食べやすいです。／久原本家の麹ソース。これも蒸し野菜に合います。／ますやみその生塩麹。塩こうじのメーカーにはとくにこだわりはありませんが、塩こうじは料理によく使います。／ CJ FOODS JAPAN 牛肉ダシダ。かんたんに旨みをプラスできる万能調味料。下味などに使います。
P101 右から…足立醸造の国産有機醤油。クセがなくおいしい。／福来純の純米料理酒。塩が使われていない料理酒で、料理の味つけをまろやかにしてくれます。／角谷文次郎商店の三州三河みりん。みりんはこれが好きです。香りがいいです。／平田産業の純正ごま油。香り高いです。使っているのは淡口／築野食品のこめ油。揚げ物には米油を使っています。クセがなくて使いやすい！

最近、ずっとやってみたかった塩こうじ作りをはじめました。ブルーノの発酵メーカーで作っています。発酵メーカーを使うと半日くらいで作れるので便利！　しょうゆこうじなどもできるので、使っていくのが楽しみです！

Chapter 4
大切な家族

キキ弁を語る上で切っても
切れないのが私の家族です。
最後の章は家族と50代からの
私の挑戦についてお話ししたいと思います。

Precious Family

大切な家族 1

最強の3きょうだい

私には3人の子どもがいます。長女の凪（なぎ）、長男の日向（ひゅうが）、次男の空丸（そらまる）です。名前は自然にまつわる名前にしたくて考えました。おだやかな波をあらわす凪、ぽかぽかあたたかいひなたの日向、そしてみんなの頭の上にある空と角のない丸を組み合わせて空丸。子どもたちはお互い名前で呼び合っています。

私が言うのもなんですが、この3人は「最強の3きょうだい」。ちいさい頃から仲はよかったのですが、大人になっても一緒にいるとケラケラ笑い合っています。今はそれぞれに仕事があり、長男と次男は県外に出ているので3人がそろうのは年に1～2回。それでも会えば変わらずいつも一緒にいるような3人。3人で「このきょうだい最高ね！」と言い合っています（笑）。

3人の中ではじめて家を出たのは、県外の大学に進学した長男の日向でした。長男を見送りに空港に向かう車の中の空

次男が学生のころ。長男は古着が好きで個性的なファッション。長女もおしゃれが好き。私も若いころはお給料のほとんどをお洋服に使うほど好きだったので遺伝かな（笑）。

3人がそろうと、いつも楽しそうに話しています。今ではお盆とお正月くらいしか3人がそろうことはないのですが、そろうといつもたわいもない話で笑い合っています。

気はどよーーーんと重かった。空港に着くと耐えられずに家族全員、大号泣。長男を応援したい気持ちはもちろんあるけれど、離れたくない気持ちが抑えきれなかったんですね。間違いなく、その日の空港でいちばん泣いてたのは我が家。きょうだい3人で抱き合いながら泣き崩れている様子を見て、「やっぱりこの3人は最強だな」と思ったのを覚えています。

長男が家を出てから1か月は、みんなの心にぽっかり穴が空いているようでした。お家そのものもさみしがっているみたいで。毎日聞いていた「ただいま〜」という声が聞けないことの喪失感といったら。私がとくにひどかったですが、家族みんなぼーっとしている時間が多かったように思います。

次に家を出たのは長女。長女は短大を卒業して就職してからもしばらく一緒に暮らしていたのですが、26歳のある日、ひとり暮らしをすることを決めました。しかも2か月後に。同じ県内ではあるけれども、すぐ寄れる距離ではない場所。私はなかなか心の準備ができなくて、一緒に夕飯を食べ

長男と次男。うちの場合、次男が常に長男のことを気にかけてくれています。一時ひとり暮らしの家が近かったときは次男が長男の家に様子を見によく行ってくれていました。

ながら思わず涙してしまうことも……。娘だからか「もう、この子と一緒に暮らすことはないんだろうな」と強く感じていたんです。娘も同じように感じていたのか、その2か月間は、仕事が終わると寄り道もせずに帰ってきてくれて、お互いに一緒に過ごす時間を噛み締めました。

次男が家を出たときは、上のふたりで免疫ができいたはずなのに、さみしくてさみしくてたまりませんでした。子どもたちの成長はとてもうれしいのですが、複雑な気持ちでした。

私は3人そろって3人が笑い合っているところを見るのが本当にしあわせです。ともに過ごせる時間が本当に特別。すべてが愛おしい。ちいさいときはそれが普通だったけれど、なかなかその当たり前のしあわせには、気づかないものなんですよね。これから、子どもたちはそれぞれに人生の節目を経験して、3人そろう時間がもっと少なくなるかもしれない。だから、年に数回の尊い時間を大切にしたいと思います。

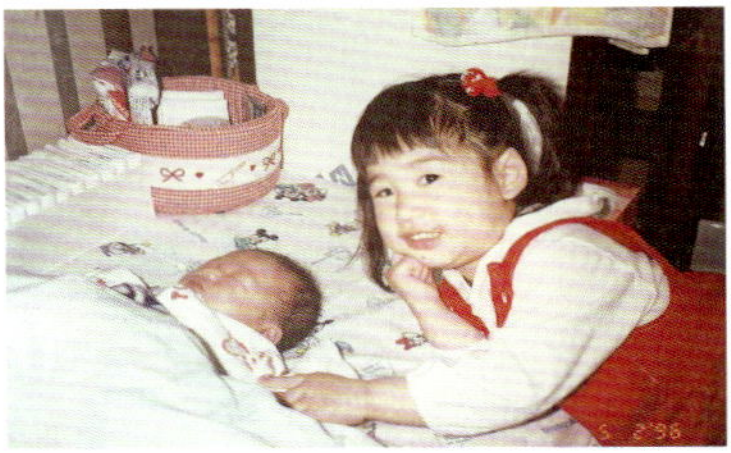

長男の妊娠中はつわりがひどくて……。当時助産師さんに「お腹にいるときに苦労をかけた子は、生まれたら手がかからない子になるよ」と言われたのですが、その通りでした。

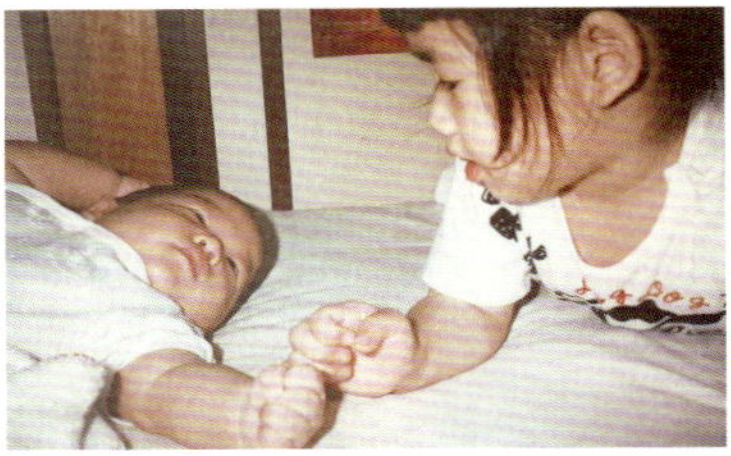

生まれたばかりの長男と、2歳4か月になる長女の写真です。長女は長男を本当によく世話をしてくれました。

子育てで大切にしてきたこと

100パーセント子どもの味方でいた。これは自信をもって言えることです。

子どもが学校で友達にイヤなことをされたことがありました。学校から連絡があり、子どもに事情を聞きました。子どもが私に話してくれた内容は、学校からの連絡と同じで、一方的にイヤなことをされたようでした。私はまず、話してくれてありがとうという気持ちを持って「あなたが、イヤなことをするほうじゃなくてよかった」と言ったのを覚えています。そして「学校に行きたくないなら行かなくてもいいよ」「なんかあったらすぐに連絡していいよ。遠慮はしなくてもいい、お母さんは味方だから」と、何度も伝えました。家庭によっていろいろな方針はあると思いますが、子どもは卒業するときに「あのときなにかあったら助けてくれると思えた。だから頑張って学校に行けた」と言ってくれました。とてもうれしかったです。

息子たちは思春期でも一緒におでかけすることをイヤがらなかったのはありがたかったです。長男が家にいたころは、ふたりでショッピングにもよくでかけました。

「どうしたらそんな仲のいいきょうだいに育つんですか?」というコメントもよくもらいます。子どもの性格も大きいかなと思うのですがひとつ言えることがあるとすれば、長男を妊娠したとき、長女に「お姉ちゃんだから○○」ということは絶対に言わないでおこうと決めました。私が第一子で「お姉ちゃんだから」と言われて育ってきて、幼心にそれがとてもさみしかったから。長男が生まれる前に夫や私の親、夫の親にも「お姉ちゃんではなく、今までどおり名前で読んであげてほしい」とお願いしました。

　長男が生まれたら、しばらく娘はさみしい思いをするかもしれないな……と心配していたのですが、娘は予想外に長男の誕生に大喜び。安心しましたが、それでも娘の気持ちを優先するようにしました。

　たとえば長男が泣いたとします。すぐに抱っこはせず私は様子を見る、そして娘のほうが長男をよしよしと撫でてくれて「日向、泣いてるよ。抱っこしてあげたほうがいいと思う

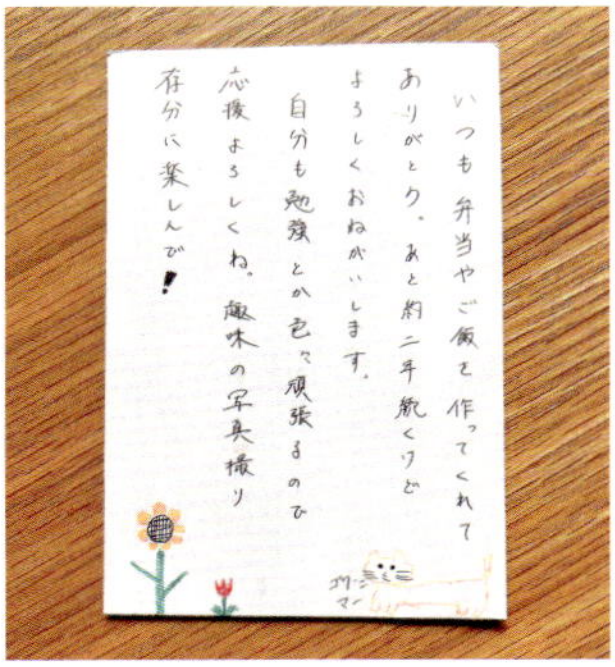

長男はたまに手紙をくれました。高校２年生の母の日にくれたお手紙です。私の趣味（カメラ）のこともわかってくれていて応援してくれたことに感動しました。

よ」と言ってはじめて私の出番。そういうふうに長女の様子を見ながら優先順位を決めていました。それがよかったのかはわかりませんが、娘は赤ちゃん返りがありませんでした。

長男が生まれたころは毎日がてんてこ舞い。長い子育て人生の中でもとくに大変だった記憶があります。でも、「1年、1年頑張ればなんとかなる！」と自分に言い聞かせて日々を乗り切っていました。

ちいさなお子さんを持つお母さんから「キキさんのようなお弁当を作りたくても作れない」というメッセージもいただきますが、そんなの当たり前！　子どもがちいさいときって、毎日が慌ただしすぎて、心の余裕なんてありません。私も料理をする時間も気力もなくってお弁当を買ってきたこともありましたよ（笑）。子どもたちと一緒になってわ〜ん、と泣くことも……。それでも「お母さんにしてくれてありがとう」「生まれてきてくれてありがとう」という気持ちは惜しみなく言葉に出していました。

初詣は家族みんなで。あと何回一緒に初詣に行けるんだろうとしみじみすることもありますが、子どもたちと一緒に過ごせる時間を大切にしていきたいです。

キキの思い出写真館

娘が描いてくれた私の似顔絵です。息子たちとケンカをすることはほとんどないけれど、娘とは同性同士だからか、よく言い合いになることがありました。今は、自分の好きなお仕事をして、いきいき輝いている娘をとても尊敬しています。

次男が赤ちゃんのとき。長女と長男を双子みたいに育てていたので、お揃いのものをよく着せていました。ふたりとも次男をとってもよくお世話してくれました。子どもたちに絵本をよく読み聞かせしていたので、長女は弟たちに同じように読み聞かせていました。

長女の結婚式で号泣する弟ふたり。実は、娘の結婚が決まったとき、素直に喜べない私がいました。家族やきょうだいのバランスが変わってしまうんじゃないかと思ったから。でも素敵なパートナーと出会えてしあわせそうな娘を見て心から祝福できました。

びっくりされるのですが、帰省して帰ってきたとき、新幹線で見送るとき、うちの家族はみんなでハグをします（夫も）。長男はとくに年に１～２回しか会えないこともあって、みんなで涙、涙で見送ります。次男は新幹線が行ったあとも涙（涙もろい家族……）。

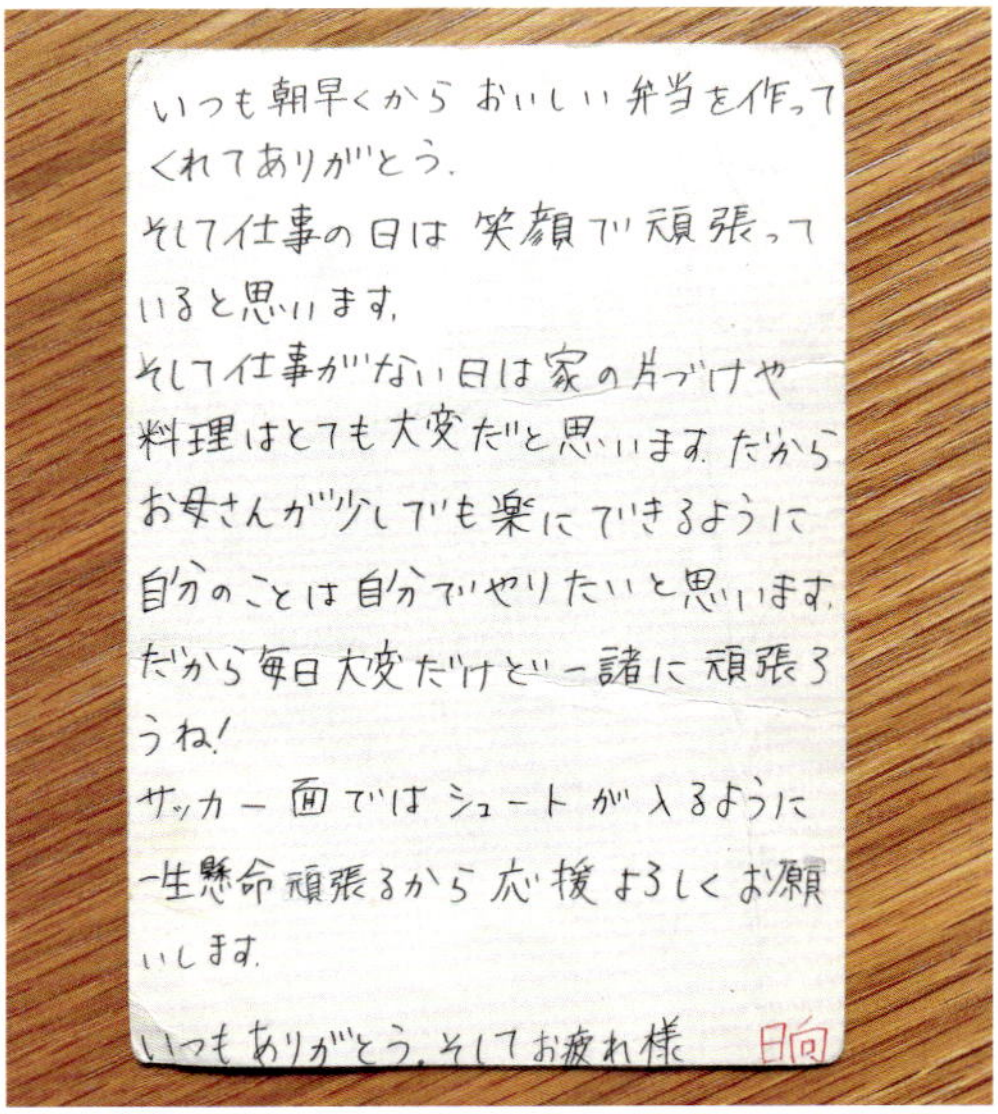

いつも朝早くからおいしい弁当を作ってくれてありがとう。

そして仕事の日は笑顔で頑張っていると思います。

そして仕事がない日は家の片づけや料理はとても大変だと思います。だからお母さんが少しでも楽にできるように自分のことは自分でやりたいと思います。

だから毎日大変だけど一緒に頑張ろうね！

サッカー面ではシュートが入るように一生懸命頑張るから応援よろしくお願いします。

いつもありがとう。そしてお疲れ様
日向

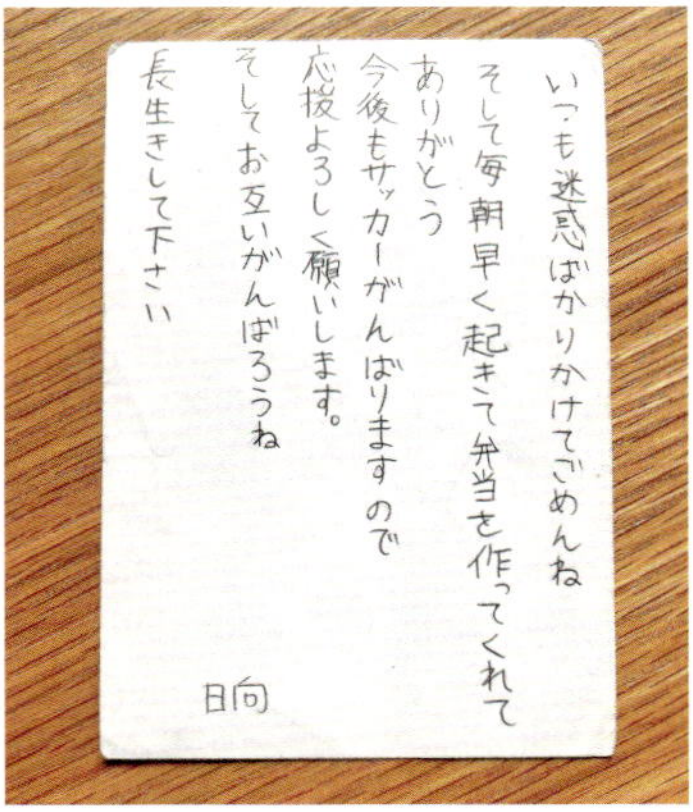

いつも迷惑ばかりかけてごめんね
そして毎朝早く起きて弁当を作ってくれて
ありがとう
今後もサッカーがんばりますので
応援よろしく願いします。
そしてお互いがんばろうね
長生きして下さい
日向

長男からの手紙です。朝も早くから起きてお弁当を作っていたことを見てくれたんだなぁ、と。子どもたちが反抗期がなかったのは、そういう私を見ていたからかも……と思うときもあります。反抗したくても、反抗できなかったのかも（笑）。

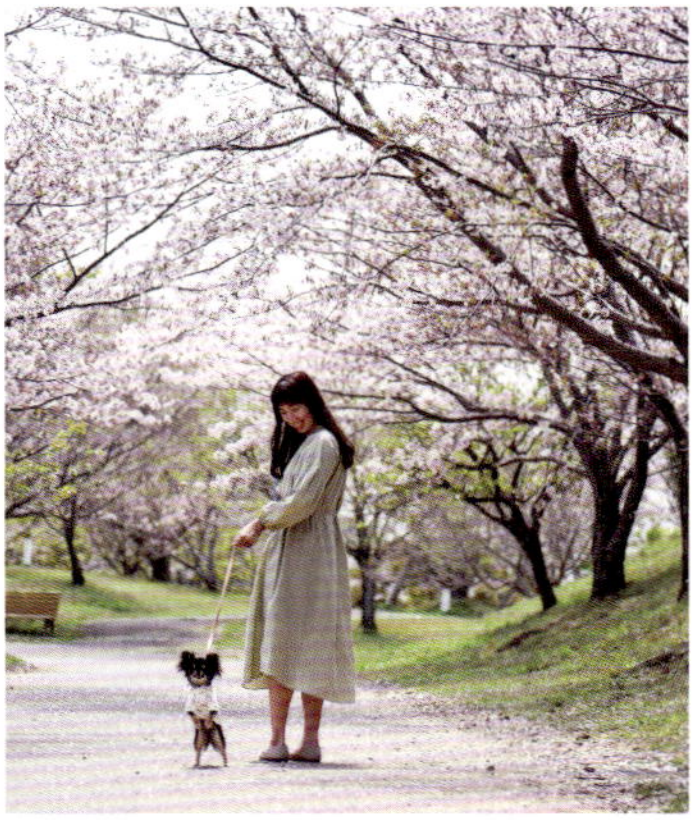

私は写真を撮るのが趣味だったので、よく子どもたちをモデルに写真を撮っていました。うちの子たちはみんな出たがりなのか（笑）、よく撮らせてくれました。大人になってからも子どもたちの写真を撮れたのは、楽しかったです。

長男からの手紙

本の出版にあたり、長男が手紙を書いてくれたので掲載したいと思います。

私は、幼い頃から高校生まで母のお弁当にお世話になりました。とくに中学・高校の6年間はサッカーをやっていたこともあり、とてつもない量のお弁当を毎日作ってもらっていました。

特に印象に残っているのは、体育祭でのお弁当です。どこの家庭よりもたくさん作られていて、家族みんなで食べた記憶があります。

私は現在、実家とは離れたところで仕事をしていて、たまに実家に帰省した際にお弁当やごはんを作っている母の姿を見て、あらためて作ってもらえることのありがたさを実感し、感謝しないといけないと感じることがあります。

母がやってきたことが本としてかたちになり、とても嬉しく思います。

友達に自慢したいです(笑)。

これからも体調に気をつけて、いるかわからん葉っぱつきのお弁当を作って行ってほしいです。

長男・日向

Precious Family

大切な家族 3

50歳からの新しい挑戦

私は、３年前まで働きに出ていたのですが、最愛の父親が亡くなり気持ちが沈んでしまったことと、からだを壊してしまったことが重なり、外に出ることができなくなってしまいました。家にいて塞ぎ込む毎日をなんとか打破しようと思ってはじめたのがインスタグラムでした。まだ外に元気にでかけることはできないけれど、人とのつながりがなければ、このままダメになってしまうという危機感もあったのです。長女が背中を押してくれたこともあり、インスタグラムをスタートさせました。それが、２０２０年の12月11日のことでした。

はじめたばかりのころは、毎日作っていたお弁当の写真をメインでのせていました。あくまで個人の記録用に。フォロワーさんが少しずつ伸びていったのは、お弁当をつめる動画を投稿してからでした。私はお弁当作りのなかでつめる工程が大好き。動画編集なんてやったことはなかったけれど、編集のやり方を勉強して、短い動画ならできそうな気がしまし

アカウント名のキキはジブリ映画の『魔女の宅急便』から。アイコンの愛犬・むぎやんは、黒猫のジジをイメージしています。ジブリ映画は子どもたちが幼いときに毎日のように一緒に観ていました。

た。それに、「料理を作る動画はよく見るけど、つめる動画だけを投稿している人ってあんまりいないなぁ」と思ったのも大きかったです。

　フォロワーさんが爆発的に伸びたのは、アフレコをはじめてからでした。2023年の6月27日の投稿がはじめてアフレコつきでの投稿。するとどんどんフォロワーさんが増えていきました。「声に癒されます」「お弁当の動画もだけどキキさんの声を聞きにきています」などのコメントが寄せられて、それは私にとっては想定外で、驚きました。

　それからすぐに1万人を突破。2023年のお盆に家族みんながそろったときに「1万人おめでとう」のバーベキューをしました。フォロワーさんが増えたのもうれしかったのですが、とにかく子どもたちが自分のことのようにキキ弁のアカウントを捉えてくれて喜んでくれたのがうれしくて……。いまではフォロワーさん45万人という大きなアカウントまで成長しました。本当に信じられません。

最近人気なのが、子どもたちが登場する投稿。アフレコを担当してもらったり、一緒に卵焼きを作ったり。子どもたちは、積極的にキキ弁に参加してくれます。

2023年の秋にはこの本のお話をいただきました。自分の人生で本を出版する日がくるなんて思ってもみなかったことでとにかくびっくり！　まずは家族会議を開いて、悩んで、悩んで……。そんな私の背中を押してくれたのも子どもたちでした。長女と次男は撮影にも一緒に参加してくれて、仕事で参加できなかった長男はお手紙をくれました（P115に載せています）。ちなみに、撮影のときに着た白いワンピースは長男がずいぶん前にプレゼントしてくれたもの。最後まで「参加したかった〜」と言ってくれていた長男の気持ちをまとって撮影に挑みました。

キキ弁のSNSアカウントもそうですが、私がチャレンジすることを子どもたちは全力で応援してくれます。子どもたちがいるから、私はいくつになってもチャレンジできる。やっぱり子どもたちは、私の宝物で、私の生きがいなんだなぁ。

2023年の11月ごろからYouTubeもはじめました。2024年の初夏には10万人突破！銀の盾をいただきました。

Precious Family

大切な家族 4

夫婦ってなんだろう

結婚して30年以上が経ちました。子どもたちが巣立って夫とふたりの生活になり、毎日のように思います。夫婦ってなんだろう……。

私たち夫婦と次男という3人の生活になって、次男があと数年で大学を卒業して家を出ていくというころ、私は近い将来にやってくる夫とのふたりの生活に不安だらけでした。子どもがいれば会話に困ることがないし、家には笑いがある。けれども、夫婦ふたりになったらどうだろう……。当時、私には夫に対して不満が積み重なっていました。きっとそれはお互いに。夫も私に対して不満がたくさんあったと思います。だから、次男が大学3年生になったとき、私は夫に思い切って気持ちを伝えることにしました。具体的にどう伝えたかは読んでいる方のご想像におまかせします（笑）。私たち夫婦はこの歳になるまでお互いに向き合うことができませんでした。ちいさなことでもその都度話し合って解決しておけば、こんなに大きな溝は生まれなかったはず。

それでもちゃんと向き合おうと思ったのは、私は家族5人で過ごす時間が大好きだから。子ども3人と私の4人ではなく、夫も入れた5人、それが私の家族だから。

実は、今の「キキ弁」のようなスタイルのお弁当を作るようになったのも、夫ともっと話をしたい、これからも家族でいたいという想いから。「お庭の葉っぱが入ってたね」など、なんでもいいから会話につながるといいなと思ってはじめたことでした。

夫が少し変わったなと思ったのは、フォロワーさんが増えはじめてからでした。「キキさんのお弁当が食べれるなんて旦那さんはしあわせですね」や「私も毎日食べたいです」というコメントを見たのが大きかったようです。「夫婦仲がいいですね」というコメントもたまにいただきますが、夫から結婚記念日のプレゼントをもらったのは2年前がはじめて（記念日覚えていてくれたんだ！　うれしかった！　笑）。

長女の挙式でのひとコマ。娘夫婦は、結婚してまだ１年ですが、ちいさなことでもすぐ話し合って解決しているようです。とても素敵な夫婦です（うらやましい！）。

そして最近では自ら家事に参加してくれたり、ケンカしたあとはフォローしてくれたりするようになりました。お弁当の感想も言ってくれることも（たまにだけど。笑）。少しずつだけど、キキ弁のおかげで夫婦にも変化が訪れてきたのです。

決して毎日お弁当を作っているからすごいというのではなく、そもそも夫婦は「働いているほうがえらい」ということではないと思うのです。本当はもっと対等な立場でいたい。私が夫にお弁当を作り続けたのは、愛情ではなく、意地なのかもしれません。ここでお弁当作りをやめたら、自分が自分に負けてしまう、そんな気がしたのです。

私にとって夫とは？

やっぱり「いなくては困る人」。好きとか嫌いとかの枠を越えて、私には夫は必要。まだ先が長い夫婦の生活、私にも夫に「いなくては困る」と思ってもらいたい。お互いにお互いを認め合えるやさしい関係の夫婦に近づけていけたらいいなぁと思っています。

ケンカした翌日に作った仕返し弁当。ごはんの下におかずが入っています。これが意外とスッキリします。この日、夫は「ごめんね」と、結婚してはじめて花を買ってきてくれました。

おはようございます
キキ弁、つめていきます

今日は
ごま酢鯖弁当

まずは
ゆで卵

オクラの和えものに…
ゴーヤは塩で揉んで
ツナとマヨネーズ味
ちょっとかつおぶしも

かぼちゃサラダに

すき間を作って
紫キャベツの甘酢と
シャウエッセン

鯖はタレを
からませたあとに
ゴマをのせてみたよ

今日の
さっぱり要員はかぼす

いるかわからん葉っぱで
おめかししたら、

はい、できあがり！

行ってらっしゃい！

みなさまの今日が
笑顔の一日になりますように

キキ

キキ

1972年生まれ。長崎県在住。お弁当をつめる動画を発信するインスタグラマー。「蓋はのせるだけ」「いるかわからん葉っぱ」などのキーワードが話題となる。

３児の母でもある。長女（30歳）、長男（28歳）、次男（23歳）が巣立ち、現在は同い年の夫（52歳）とふたり暮らし。愛犬のこむぎ（愛称：むぎやん）に毎日癒されている。

2020年からはじめたインスタグラムは、2023年の夏にフォロワー１万人となり、現在は45.5万人。YouTubeも2024年の初夏に10万人を突破した。本書が初の著書となる。※2024年10月現在

Instagram　@_k_i_k_i_o
YouTube
「キキ　蓋はのせるだけ←弁当作ってます」
@_k_i_k_i_o
TikTok　@_k_i_k_i_o

STAFF

撮影　釜崎 盾（STUDIO 346）、キキ
デザイン　福地玲歩（ohmae-d）
校正　菅野ひろみ
編集　庄司美穂（グラフィック社）

今日もキキ弁、つめていきます

2024年11月25日　初版第1版発行
2025年 4 月25日　初版第4版発行

著者　キキ
発行者　津田淳子
発行所　株式会社グラフィック社
〒102-0073
東京都千代田区九段北1-14-17
TEL　03-3263-4318（代表）
03-3263-4579（編集部）
FAX　03-3263-5297
https://www.graphicsha.co.jp/
印刷・製本　TOPPANクロレ株式会社

本書の情報は2024年10月現在のものです。

本書で紹介している商品の写真はすべて著者の私物です。現在販売されていないものや、販売しているものと異なるものがある可能性がございます。


ISBN978-4-7661-3969-3　C0077